Bauernmalerei

Rosi Fey

Bauernmalerei

Die Deutsche Bibliothek - CIP-Einheitsaufnahme
Bauernmalerei/Rosi Fey. - Wiesbaden: Englisch, 1995
ISBN 3-8241-0603-5
© by F. Englisch GmbH & Co Verlags-KG, Wiesbaden 1995
ISBN 3-8241-0603-5
Fotos Axel Weber
Printed in Spain

Inhaltsverzeichnis

Vorwort

Wenn Sie in diesem Büchlein lesen, soll es Ihnen nicht nur Spaß und Freude bringen, sondern Sie in die Bauernmalerei einführen, wie sie vor 200 Jahren in voller Blüte stand. Vielerlei Gründe mögen die heutige Beliebtheit der Bauernmalerei erklären, einer der wichtigsten vielleicht ist die Freude am schöpferischen Gestalten und an sichtbaren Ergebnissen. Man kann – bei richtiger Anleitung – eigene künstlerische Fähigkeiten entdecken und auch ohne große Erfahrung mit ein bißchen Liebe zu schönen Formen und Freude an der Harmonie der Farben, echte, kleine Kunstwerke schaffen.

Dafür muß man sich aber erst einmal mit den alten überlieferten Formen und mit der naiven und farbenprächtigen Bildersprache auseinandersetzen, die man immer wieder auf alten Schränken bewundern kann.

Wegen ihrer Zierelemente, wie Blattranken, Ornamenten und Rosetten, verlangt die Bauernmalerei, die sich aus der Zierkunst der Mönche im 15. Jahrhundert entwickelte, auch eine gewisse technische Beherrschung der geometrischen Formen.

Wenn man sich in diesen eigenartigen, unverwechselbaren Stil hineingearbeitet und auch Blumen in einfacher Stilisierung dargestellt hat, kann man mit der Bemalung kleinerer und größerer Gegenstände beginnen.

Sie sollten versuchen, auf diese Weise die Bauernmalerei „neu" zu gestalten, eine Form zu finden, die Ihrem persönlichen Stil entspricht und trotzdem der Malerei gleicht, wie sie schon vor 200 Jahren die Menschen erfreute und begeisterte.

Dazu wünsche ich viel Erfolg und möchte mit einem Leitwort von Gottfried Keller schließen:

Lasset uns am Alten,
so es gut ist, halten.
Doch auf altem Grund
Neues wirken jede Stund'.

Ihre Rosi Fey

Einleitung

Geschichte der Bauernmalerei

Das Bemalen von Holz kann man bis in das 15. Jahrhundert zurückverfolgen. Alte Holzkirchen liefern den Beweis dafür (Rohrmoos/Allgäu, Benk bei Bayreuth, usw.). Die eigentliche Möbelmalerei begann ungefähr vor 200 Jahren, im 17. Jahrhundert, hatte im 18. Jahrhundert ihre Blütezeit und klang in der Mitte des 19. Jahrhunderts rasch ab. Dieser Niedergang hing mit der Industrialisierung der Möbelherstellung zusammen.

In der frühen Zeit wurde Holz vornehmlich in Schablonentechnik mit einfachen, streng geometrischen Formen bemalt, die aus der Zierkunst der Mönche in Kirchen und Klöstern übernommen wurden. Sterne, Zirkelschlagtechnik, Rosetten und Sonnenräder sind Beispiele dafür. Wichtig war auch die symbolische Bedeutung der Motive:der Stern als Symbol des Wachstums, der 6er-Stern als Schutz gegen Dämonen,die Rosette als Symbol der Sonne,das Herz als Symbol der Liebe.

Auch das Ornament (lat. ornare – schmücken), die strengste Form der schmückenden Kunst, ist aus den Anfängen der Bauernmalerei nicht wegzudenken. Es stammt meist aus dem Bereich des organischen Lebens, zeigt aber auch abstrakte und geometrische Formen. Ebenso werden Themen aus der Heraldik (Adler, Löwe) in spiegelgleichen Motiven verarbeitet, verbunden mit ornamentalen Umrandungen.

Auf Natur- oder Blankholz wurden meist nur Schwarz (Kienruß) und Rot (Ochsenblut) verwendet, später erzielte man mit leichten Farbtönun-

Intarsienmalerei

gen eine besondere Wirkung. Um die ornamentale Malerei zu unterstützen, kamen Holzschnitzereien dazu, beginnend mit einem einfachen Kerbschnitt.

Neben der Schablonentechnik erfreute sich die Intarsienmalerei (siehe Abb. Seite 8) großer Beliebtheit. Diese Malkunst entstand, weil echte Einlegearbeiten mit ausländischen Hölzern schon damals sehr kostspielig waren. So griff man zu Farbe und Pinsel und schuf kunstvolle Imitationen, die jeder echten Einlegearbeit an Schönheit nicht nachstehen. Deshalb wurde diese Technik auch häufig in Kirchen und Klöstern angewendet. Türen, Chorgestühl und Beichtstühle wurden mit Intarsienmalerei geschmückt: In den Farben der ausländischen Hölzer wurden sie mit stilisierten Blumenranken, mit Bandelwerk, mit Ornamenten und

mit Arabesken verziert. Auch hier wurde der Stern in den verschiedensten Varianten verwendet.

Die Intarsienmalerei beruht auf der Kleistertechnik, die in Österreich, im Egerland, in Franken und in Thüringen sehr beliebt war. Auch die Kammzugtechnik ist eine Malerei mit Kleister, ebenso die Furniermalerei, die bei Bauernmöbeln die Holzstruktur nachzubilden versuchte. Dazu kam die Technik des Marmorierens, vornehmlich in Baden-Württemberg. Säulen, Pilaster und Gesimse an Schränken wurden marmoriert, teilweise auch vergoldet. Nicht selten wurden sie von Kirchen- und Faßmalern gestaltet.

Das Malen mit Ölfarbe war auf Grund ihrer vorteilhaften Eigenschaften (deckend und lasierend) auch sehr beliebt und wurde vor-

nehmlich von Schweizer Bauernmalern angewendet. Eine große Anzahl von Werken ist in den Museen der Schweiz, aber auch in den angrenzenden Gebieten zu bewundern. Als Besonderheit ist noch die Wismutmalerei zu erwähnen, eine alte Technik aus dem 16. Jahrhundert, die sich in der Schweiz und Süddeutschland lange erhalten hat. Durch das Vorkommen des Wismutmetalles im Erzgebirge findet man auch in Sachsen und Thüringen Zeugnisse dieser kostbaren Arbeit. Es gab ganze Schreiner- und Malerdynastien, die Schränke, Betten, Truhen und verschiedenen Hausrat herstellten und bemalten. Bekannt waren unter anderem die Werkstätten der Herrnhuter Brüdergemeinde und die der Hohenloher Bauernmöbel. Im Stuttgarter Raum war die Familie Rößler führend, im Odenwald die Schreinerfamilie Bayer. Im Landkreis Ebersbach entstanden Möbel mit reichhaltigen Barock- und Rokokoschnitzereien und prunkvollen Malereien. Es waren die „Klöster von Obstätt", die dazu beitrugen, dem oberbayrischen „Bauernbarock" ein besonderes Gepräge zu geben. Im Alpenraum waren u. a. die Namen der Bauernmaler Pethaler, Breitwieser und Pichler ein Begriff. Sehr beliebt waren die Reitermotive auf den „Linzer Möbeln", umrandet von kostbarer Intarsienmalerei. Die Qualität der Möbel hing oft mit dem sozialen Stand der Besitzer zusammen: Zu Hochzeiten oder anderen Festlichkeiten wurden Schränke, Brautbetten oder Truhen bestellt, geschmückt mit wundervollen Genrebildern, mit Portraits oder Heiligenfiguren. Auch die vier Jahreszeiten waren ein sehr beliebtes Thema. Fast immer nehmen die Blumen in der Bauernmalerei einen weiten Raum ein, da sie auch symbolischen Charakter haben:

Lebensbaum – Symbol für Wachstum und Fruchtbarkeit (aus einem Stengel wachsen verschiedene Blatt- und Blütenformen)

Traube – Symbol für das Blut Christi (sehr oft verbunden mit Kreuzdarstellungen)

Rose – Symbol der Liebe

Lilie – Symbol der Reinheit

Die Rose, wohl die beliebteste Blume in der Malerei, wurde in einfachen stilisierten Formen („Tölzer Rose") gestaltet – im Zeitalter des Bieder-

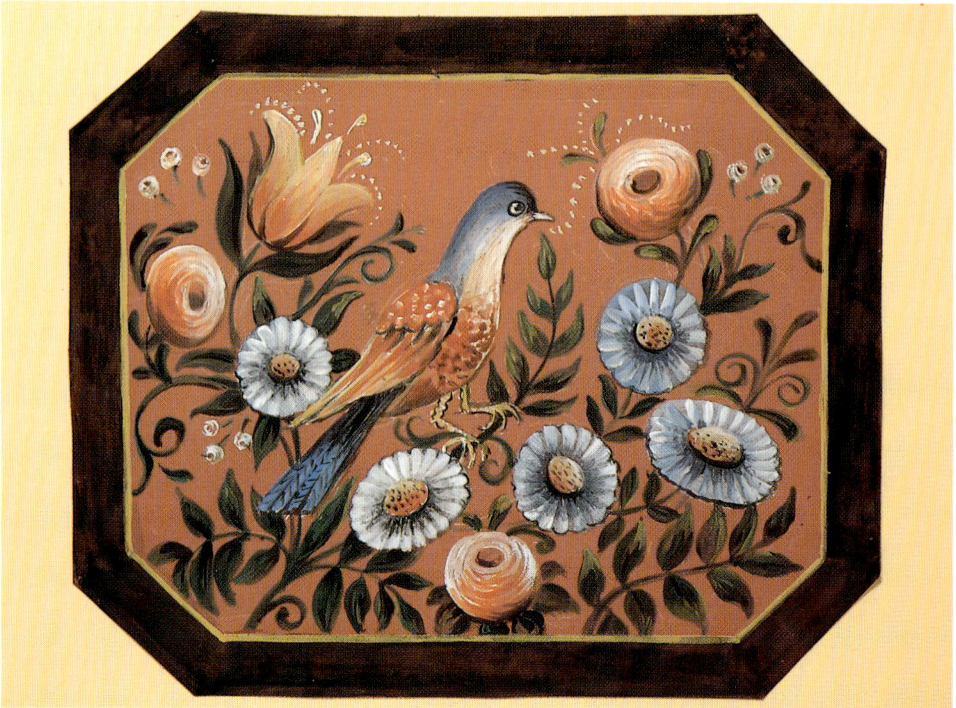

meier und Rokoko aber auch verspielt und beinahe naturalistisch. Auch die Tulpe, aus dem Orient kommend, fehlte seit dem 16. Jahrhundert in keinem Bauerngarten. Maiglöckchen, Lilien, Vergißmeinnicht und Sternblumen schließen den Kreis – vielfach in kostbaren Renaissancevasen, aber auch in schlichten Bauernkörben gemalt.

Auch die einfachen Schreiner auf dem Lande, die sogenannten Kistler, verzierten ihre selbstgefertigten Schränke, Truhen und Wiegen mit Blumen aus Bauerngärten, meist verbunden mit Vögeln und Blattranken. Rot und Blau waren die bevorzugten Farben, hieß es doch schon im Volksmund: „Blau und Rot sind Bauernmod."

Von Augsburg aus wanderten Hausierer bis in entfernteste Dörfer und boten Schablonen (auch Kupferstiche und Radierungen) zur Bereicherung der Malmotive für die Kistlerfrauen an, die vornehmlich die Malereien auf den von ihren Männern gefertigten Möbelstücken ausführten. Und so kam es, daß auf einfachen Truhen, in denen die Dienstboten ihre gesamte Habe aufbewahrten, Städte und Türme mit biblischem Charakter oder kostbare Vasen mit exotischen Früchten dargestellt waren.

Eine besondere Eigenart der Bauernmalerei bestand darin, daß oft verschiedene Stilelemente (Rokoko, Barock, Biedermeier) auf dem gleichen Möbelstück kombiniert wurden – in vollkommener Unbeschwertheit – und gerade diese Mischung von Althergebrachtem und eigenem urwüchsigen Empfinden ergab einen reizvollen Effekt.

Zu erwähnen ist noch die charakteristische Malweise in den einzelnen Ländern: Miesbach übertrifft in der freudigen Farbgebung alle anderen Landschaften. Tölz und Garmisch wurden durch ein eigenartiges Blau bekannt, fast immer kombiniert mit der „Tölzer Rose" – eine einfache, stilisierte Form der beliebten Blume. Auch im Zillertal wirkt die Malerei wie ein einziger Farbenrausch, während im Alpbachtal (Österreich) dunkle Farbtöne dominieren. Für das Aurachtal ist zarte Blumenmalerei mit Vögeln auf altrosa Grund („Vogerlkasten") charakteristisch.

Nicht zuletzt ist die Herstellung von Spanschachteln zu erwähnen. Diese dienten vornehmlich der Aufbewahrung von Hauben und Bändern, kleinere wurden gerne zum Geschenk gemacht. Sie wurden mit farbenprächtigen, phantasievollen Motiven geschmückt. Schon im 16. Jahrhundert (1596) waren in Berchtesgaden (Gadeln) 150 Meister, 62 Gesellen und 17 Lehrlinge mit der Herstellung von Spanschachteln beschäftigt. Einige Jahre später wurden in Nürnberg und im Bayrischen Wald ebenfalls Meisterbetriebe gegründet, auch in Thüringen stand diese Handwerkskunst in hoher Blüte. Die Schachteln wurden nicht nur mit Blumen und Ornamenten bemalt, auch figürliche Darstellungen mit humorvollen oder belehrenden Sprüchen waren sehr beliebt. So zieht sich die Bauernmalerei in verschiedenen Varianten durch die einzelnen Landschaften – teilweise in rührend einfacher Gestaltung, teilweise in höchster Vollendung. Als man aufhörte, mit Bauernmalerei Möbel zu schmücken, ging eine reiche künstlerische Epoche im Volksleben zu Ende.

Vorbereitungen und Materialien

Einführung in die Maltechnik

Das Wichtigste bei der Bauernmalerei ist die Technik des Pinseldrucks oder Pinselschwungs. Dabei spielt es eine große Rolle, ob die Übungen mit einem guten Marderhaarpinsel oder mit einem einfachen Schulpinsel ausgeführt werden. Dieser reagiert nicht so genau auf den Druck der Hand, außerdem wird die Spitze schnell stumpf. Beim Eintauchen in die Farbe muß man unbedingt darauf achten, daß der Pinsel nur zu 2/3 mit Farbe bedeckt ist, da sonst der obere Teil verklebt und bald unbrauchbar wird. Außerdem sollte man Pinsel nie unausgewaschen ablegen – sei es auch nur für kurze Zeit – und niemals lange im Wasser stehen lassen, da sich dann die Spitze verbiegt.

Bevor man mit dem Malen beginnt, sollten alle Farben, die man braucht, auf einer Palette oder einem alten Teller vorbereitet werden.

Mit einem Holzspachtel nimmt man die Farben aus Dosen oder Töpfchen heraus.

Außerdem braucht man 2 Wasserbehälter: ein Glas zum Auswaschen der Pinsel und ein kleines Gläschen (sehr gut eignen sich Flaschenverschlüsse) zum Eintauchen beim Malen. Auf diese Weise nimmt man nie zu viel Wasser auf, so daß die Farben nicht verdünnt werden.

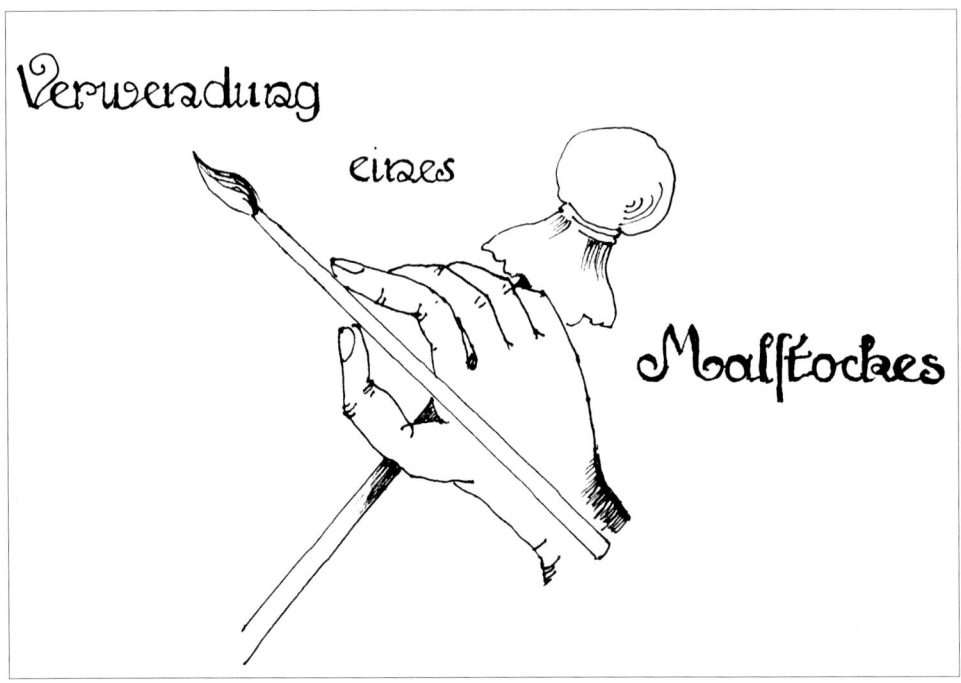

Verwendung eines Malstockes

Einzelne Übungen aus dem großen Formenschatz der Bauernmalerei sind unerläßlich, da vornehmlich Blätter und Ranken mit „Pinseldruck" gemalt werden – aus freier Hand – ohne abzusetzen. Dabei hält man den Pinsel ganz steil, fängt mit leichtem Druck an, verstärkt diesen gegen die Mitte und läßt wiederum leicht nach, wenn der Schwung ausklingt. Dazu sollte man die linke Hand auflegen, als Stütze verwenden, um eine bessere Pinselführung mit der rechten Hand zu erhalten. Nach demselben Prinzip arbeitet man mit dem Malstock, der sich besonders für größere Gegenstände eignet.

Der Malstock ist ein ungefähr 50–60 cm langer Stab, die Spitze umwickelt mit Watte und einem Leinenläppchen. Er dient zum Auflegen der Hand beim Führen des Pinsels. Außerdem verhindert er, daß man die noch nicht ganz trockene Farbe verwischt. Man sollte die Farben immer etwas mischen (gebrochene Töne) und nicht unbekümmert „knallige" Farben verwenden, die man zum Schluß mit „Patina" wieder abdunkelt. Man muß sich auch entscheiden, ob man in der „Naß-in-Naß-Technik" malt oder trockene Farben vorzieht.

Für naturalistische Formen läßt man gerne mehrere nasse Farben ineinanderfließen, so daß Licht und Schatten sehr harmonisch gestaltet werden können. Bei stilisierten Motiven und geometrischen Flächen läßt man die Farbe trocknen und zieht zwischen den einzelnen Flächen dunkle oder helle Konturen. Bei Blumen lockert man die etwas strenge Form mit aufgemalten Pünktchen oder Linien auf.

Alle Übungen sollte man in einen Skizzenblock einfügen; er ergibt mit der Zeit ein richtiges „Nachschlagewerk".

Arbeitsmaterial

1 Bleistift hart (2) zum Durchpausen
1 Bleistift weich (4B) zum Zeichnen der Entwürfe
1 Stift (weiß) für dunklen Untergrund
1 Kohlestift (schwarz) für hellen Untergrund
1 Schächtelchen Pelikan-Zeichenkohle, hat den Vorteil, daß man den Entwurf leicht wegwischen kann
1 Radiergummi, evtl. 1 Knetgummi
Klebeband, 2-3 cm breit
1 Zeichenblock evtl. 24 x 34 cm, für Pinselübungen und Entwürfe
1 Lineal
1 Malstock
Schleifpapier No. 220
Stahlwatte
weiche Wollappen zum Säubern
1 Blechdose oder 1 Wasserglas zum Reinigen der Pinsel
1 kleines Gefäß (evtl. Deckel von Sprudelflasche) zum Eintauchen während des Malens
1 Palette oder einen alten Teller zum Mischen der Farben
Pinsel:
3 Breitpinsel No. 3, 5, 7
1 einfacher flacher Pinsel (4-5 cm breit) zum Grundieren
2 Marderhaarpinsel No. 3 und No. 5
1 Rundpinsel 2-3 cm
Pinselreiniger, auch Schmierseife eignet sich sehr gut zum Säubern der Pinsel.

Farben

Um auf Holz zu malen, verwendet man am besten Binder- oder Dispersionsfarben.

Für kleinere Gegenstände (Spanschachteln, Kleiderbügel usw.) sind Plakafarben, Warcofin- und Temperafarben ausreichend. Allerdings braucht man trotzdem eine Dispersionsfarbe in Weiß, um den Untergrund einmal vorzustreichen.

Eine Auswahl von Binderfarben: Schwarz, Weiß, Rot (Zinnoberrot oder Tomatenrot), Englisch Rot (bräunliches Rot) eignet sich besonders gut als Untergrundanstrich für Bauernmöbel, ebenso Umbra (braungrüner, stumpfer Ton), Hell- und Dunkelgrün, Blau (eventuell zusätzlich Bayrisch Blau – blaugrau), Braun, Ocker, Gelb.

Alle diese Farben sind mit Wasser verdünnbar, im getrockneten Zustand aber fast nicht mehr löslich, deshalb sollte man auf seine Kleidung achten (Malkittel!).

Mischen von Farben

Es gibt drei Grundfarben: Gelb, Rot und Blau. Daraus ergeben sich Mischfarben. Es ist ratsam, als Anfänger auf Zeichenpapier einige Mischungen selbst auszuprobieren. Die nebenstehende Tabelle auf Seite 17 soll Ihnen helfen, ein selbständiges Gefühl für das Mischen der Farben zu bekommen.

Aus Weiß und Schwarz ergeben sich mehrere Grauschattierungen, alle anderen Farben, mit Weiß gemischt, zeigen milchige Töne. Je nach der Menge der Beigabe ergeben sich interessante Farbabstufungen. Nur durch Übung bekommt man ein Gefühl für die Farben und wird später mühelos jede Farbschattierung herausfinden.

Übungen und Motive

Pinselübungen für Blätter, Ornamente und Ranken

Pinselübungen sind wichtige Vorübungen für die Bauernmalerei. Der Pinsel wird leicht angesetzt, mit sanftem Druck geht man in die jeweiligen Schwünge über und läßt den Druck wieder leicht ausklingen. Man muß darauf achten, daß nicht zu viel Farbe im Pinsel ist, sonst malt man dicke Striche und keine Feinheiten. Nimmt man zu wenig Farbe, kann man den Pinselstrich nicht in einem Zug durchführen, und es zeigt sich ein häßlicher Absatz.

Man kann den Pinsel auch in zwei Farben eintauchen (nicht mischen!) und damit Blätter und Ranken malen:
Grün und Rot (ein dunkles Grün)
Grün und Schwarz
Grün und Blau
Gelb und Schwarz (Olivgrün)
(Abbildungen Seite 18).

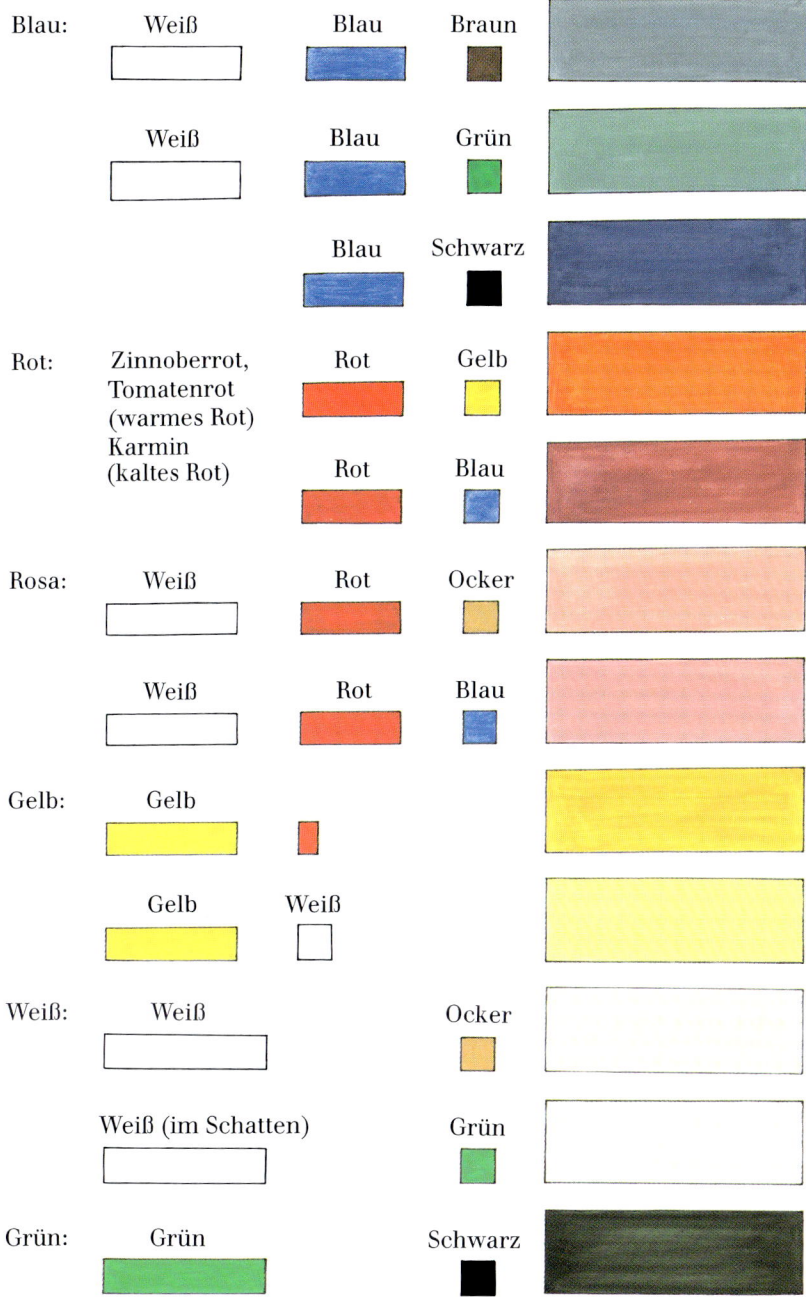

Blau: Weiß   Blau   Braun

Weiß   Blau   Grün

Blau   Schwarz

Rot: Zinnoberrot, Tomatenrot (warmes Rot)   Rot   Gelb

Karmin (kaltes Rot)   Rot   Blau

Rosa: Weiß   Rot   Ocker

Weiß   Rot   Blau

Gelb: Gelb

Gelb   Weiß

Weiß: Weiß   Ocker

Weiß (im Schatten)   Grün

Grün: Grün   Schwarz

Übertragen oder Vergrößern eines Motivs

Auf das Motiv, das man übertragen oder vergrößern möchte, legt man ein Transparentpapier mit einem selbstgezeichneten Gitternetz (1 cm²), so daß das Bild, in einzelne Quadrate aufgeteilt, sichtbar wird. Das Papier, auf das man das Motiv übertragen möchte, wird ebenfalls mit Längs- und Querlinien überzogen, wenn man vergrößern möchte, natürlich in größerem Abstand (eventuell 1:2). In dieses Raster kann das Motiv übertragen werden, indem man in jedem Quadrat die Teilstücke einzeichnet, die auch in den Quadraten auf dem Transparentpapier zu sehen sind. So erhält man ein exakt übertragenes Motiv.

Obwohl man versuchen sollte, so viel wie möglich frei zu arbeiten, ist diese Hilfestellung mit Raster sehr gut, wenn man z.B. ein Bild von einem alten Schrank kopieren möchte. In diesem Falle hört das freie Zeichnen auf, man muß versuchen, sowohl in Form und Farbe, als auch im Maßstab die Ähnlichkeit herzustellen, die von einer echten Kopie verlangt wird.

Blumenmotive

Bauernmalerei ist vornehmlich Blumenmalerei. Der große Formenschatz der Blumen reicht von der einfachen stilisierten Form bis zur beinahe naturalistischen Darstellung. Beginnen sollte man mit Blumen in einfacher, flächiger Stilisierung. Für den Ungeübten bedeutet es eine große Hilfe, die Blumen von geometrischen Formen abzuleiten, sei es von einem Kreis, einem Trapez oder einer Ellipse.

Eine Rose – als einfache kugelige Form („Tölzer Rose") – wird aus einem Kreis entwickelt. Als Hilfestellung für eine Rose mit Blättern werden zwei Kreise gezogen (siehe Zeichnung Seite 20).

Auch Nelken, stilisiert in verschiedensten Varianten, werden aus Kreisen und Halbkreisen gestaltet. Ebenso kann eine Tulpe aus der Kreis-

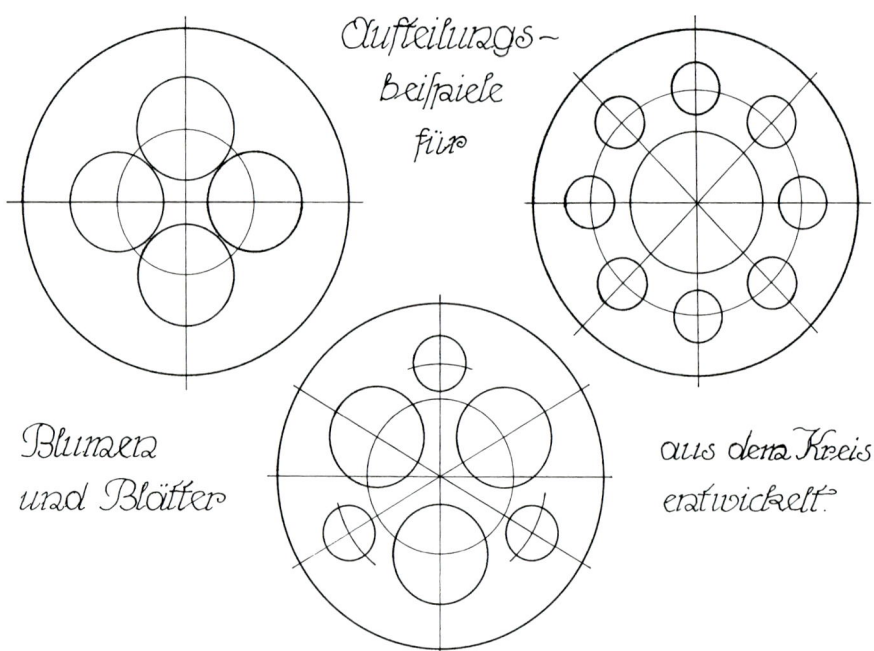

Aufteilungs-
beispiele
für

Blumen
und Blätter

aus dem Kreis
entwickelt.

form entwickelt werden, obwohl
auch die Trapezform eine große Hilfe
darstellt. Dasselbe gilt für sternförmi-
ge Blüten (Gänseblumen, Margeri-
ten, usw.), die aus einem Kreis entstehen können.

Die Farbgebung erfolgt mit der Ausmalung in einem Grundton, auf
dunklem Untergrund immer zuerst
mit Weiß. Anschließend malt man
mit hellen oder dunklen Abtönfarben
weiter.

Ist der Grundton rot („Tölzer Rose"),
malt man in die noch nasse Farbe in
modellierender Form mit Weiß von
außen nach innen helle Lichter hinein. Man kann auch einen dritten
Farbton dazunehmen (ein dunkles
Rot mit einer Pinselspitze Schwarz),
um Schatten auszudeuten.

Bei Tulpen kann man das Aus-
schmücken der Blumen mit viel

Phantasie gestalten, nachdem man vorher den Untergrund eventuell in zwei Farben etwas abschattiert hat (Ocker mit Zinnoberrot): „Naß-in-Naß-Technik". Auch bei Nelken malt man in derselben Technik und entwirft verschiedene Schmuckelemente.

Sehr oft werden Blumen überdimensional groß dargestellt, und alles andere wird als schmückendes Beiwerk kleiner und unscheinbarer gemalt. Blumen müssen nicht immer in einem Behälter stehen, sie können auch mit verschiedenen Blättern und Ranken aus einem Herz herauswachsen (Lebensbaum) oder aus einem einzigen Stengel kommen. Diese Blumendarstellungen sind mehr als Dekor gedacht, stellvertretend für Blumensträuße.

Manchmal kann der Stengel auch etwas „entfremdet" aussehen, wenn aus ihm förmlich ein Linienornament entsteht – ohne Anfang und ohne Ende.

Schleifen und Bänder

Körbe und Vasen

Um Blumensträuße in einen gefälligen Rahmen zu bringen, können Körbe, Vasen und Krüge zur weiteren Ausschmückung dienen.

Hier sind einige Beispiele für einfache Körbe, die trotzdem bei der Ausmalung viel Sorgfalt und Gefühl verlangen, vor allem bei der Farbabstimmung.

Ein schöner Grundton ergibt sich aus Ocker, Weiß und etwas Schwarz (sandfarben). Allerdings gibt es diese Farbe auch als Dispersionsfarbe zu kaufen; sie heißt „Tabak" oder „Umbra-Braun".

Kunstvoll geformte Vasen (Empire, Rokoko, Barock) verlangen auch reichhaltigere Blumensträuße, die sich meist über die gesamte Malfläche verteilen.

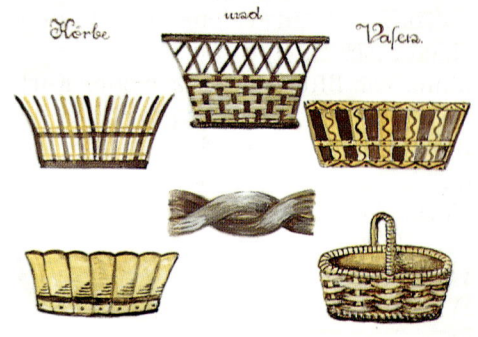

Beim Entwerfen arbeitet man am besten mit freier Hand, nur bei den Vasen kann man als kleine Hilfe Transparentpapier verwenden, um die eine Hälfte der Vase auf die andere Seite zu übertragen. Auch wenn in diesem Falle Symmetrie wichtig ist, zeigen kleine Abweichungen Spontaneität und ungekünsteltes Arbeiten.

Es ist gleich, für welche Formen man sich entscheidet, wenn nur der Einklang von Blume und Vase oder Korb stimmt. Eine beinahe naturalistische Rose verlangt eine Vase aus dem Empire oder Barock, die kunstvoll verziert sein kann, eine streng stilisierte Blume braucht eine einfache Form von Vasen, Krügen oder Körben. Das Wissen darum eignet man sich schnell durch öfteres Nachzeichnen alter Formen, Nachschlagen in guten Büchern und Besuchen in Museen, die oft eine große Anzahl von wunderbaren Schränken und Truhen enthalten, an.

Randmotive und Zierleisten

Randmotive sollten immer passend zum Hauptmotiv gewählt werden. Sie dürfen nicht dominierend sein, müssen aber im Ganzen eine Einheit bilden.
Mit einfachen Blattranken kombiniert man schlichte Blumen, dabei kann bereits eine schöne Spanschachtel entstehen.

Halbkreisformen werden gerne in
Reihen angeordnet, um Zierleisten
zu schaffen.
Diese Motive, so einfach und werk-
zeuggebunden sie zu sein scheinen,
wirken durch die Ausgewogenheit
aller Einzelteile.

Rocailleformen

Für den Anfang genügt es, wenn man
S- und C-förmige Bogen malt, die aus
einer Ellipse entwickelt und mit ge-
raden Linien verbunden werden. Die
Grundfarbe ist meist Ocker, die
Schatten werden mit brauner Farbe
gemalt, als Lichteffekt kommt Weiß
hinzu (Naß-in-Naß-Technik).
Rocailleformen gelingen nur durch
viel Übung, sonst wirkt jeder
Schwung verkrampft. Es ist ratsam,
sich erst mit einfachen Formen zu-
friedenzugeben. Diese, gekonnt ge-

malt, wirken besser als schwierige
Formen, die man nicht ganz be-
herrscht.

Bemalung einer Spanschachtel

Für den Entwurf werden mehrere grobe Skizzen angefertigt und mit Kreisen und Ovalen die Grundformen festgelegt. Um die anfängliche Unsicherheit zu überbrücken, kann der Entwurf farbig gestaltet werden, man erkennt dann besser die harmonische Einheit von Form und Farbe. Bevor man den Entwurf auf das Werkstück überträgt, muß ein Grundanstrich mit weißer Dispersionsfarbe gemacht werden. Nach dem Trocknen wird die rauhe Oberfläche abgeschliffen, da sich die nassen Holzfasern etwas aufstellen. Dies kann mit Stahlwolle oder feinem Sandpapier No. 200 geschehen. Anschließend erfolgt der zweite Anstrich, der bereits in der gewünschten Farbe angelegt wird (nicht mehr mit Sandpapier abschleifen!). Auf dunklem Untergrund werden mit einem weißen Kreidestift die wichtigsten Punkte des Motivs festgelegt, auf hellem Untergrund wird mit Kohle

(etwas anspitzen) gezeichnet, die den Vorteil hat, daß man überflüssige Striche ganz leicht mit einem Läppchen wegwischen kann. Hat man sich ein symmetrisches Motiv ausgesucht, ist es ratsam, die Hälfte des Entwurfs auf Transparentpapier zu zeichnen. Das Papier wird in der Mitte gefaltet und die durchscheinenden Konturen auf die andere Hälfte übertragen. Die Rückseite wird mit Zeichenkohle schwarz gefärbt. Mit einem harten Bleistift wird dann das Motiv nachgezeichnet. Niemals sollte man dafür Blaupapier verwenden! Wenn man etwas Übung hat, genügt es, mit Hilfe von Transparentpapier nur noch die wichtigsten Linien durchzuzeichnen und kleinere Blumen und Ranken in die freien Stellen selbständig hineinzukombinieren. Um ein Verrutschen der Zeichnung zu verhindern, kann man das Papier mit einem Klebeband befestigen. Auf dunklem Untergrund ist es ratsam, die Blumen in Weiß vorzumalen, da ihre Leuchtkraft dadurch erheblich gesteigert wird. Auch das

Grün der Blätter kann mit etwas Weiß-Ocker oder Weiß-Umbra aufgehellt werden. Die Konturen kann man mit einem dunklen Ton nachziehen. Dabei ist zu beachten, daß die vorgegebenen Linien genau eingehalten werden müssen. Blätter und Ranken sind meist nur als „Füllsel" gedacht, sowohl bei symmetrischen als auch bei asymmetrischen Entwürfen. Obwohl die Symmetrie ein Kennzeichen der Bauernmalerei ist, zeigen kleine Abweichungen Spontaneität und ungekünsteltes Arbeiten. Kleine Ranken zwischen den oft sehr großblumigen Formen werden als „Auszierung" bezeichnet und beleben die bemalte Fläche ungemein. Wichtig ist es, die Randverzierungen der Spanschachteln dem Ganzen harmonisch anzugleichen.

Nach dem Fertigstellen der Schachtel kann man mit einem hellen oder dunklen Antikwachs (auch Büffelwachs) die Malerei haltbar machen. Mit einem Wollappen eingerieben

bekommt die Spanschachtel einen wundervollen, samtenen Glanz. Das gilt auch für andere Werkstücke. Dezent gewählte Farben brauchen keine Patina, um „antik" auszusehen.

Sollte eine Farbe einmal zu kräftig geraten sein, wird diese mit einer „Lasur" überstrichen (Farbe mit Bindemittel).

Malen von Konturen am Beispiel von Obst und Pflanzen

Nach ein paar Farb- und Pinselübungen, ausgeführt im Skizzenblock, kann man versuchen, für die Küche kleine Holzbrettchen, Teller oder Servierbretter mit Früchten zu schmücken.

Die Behandlung des Untergrundes ist die gleiche wie bei Spanschachteln. Man kann Früchte sehr gut mit der „Naß-in-Naß-Technik" malen, da Schattierungen auf diese Weise ganz leicht gelingen. Man zeichnet zuerst einen Apfel, malt den Untergrund mit der entsprechenden Farbe (Ocker, Zinnober, Karmin) und setzt dann den Schatten ein – immer einen Ton dunkler als die Grundfarbe – indem man den Pinsel immer der Form entsprechend bewegt. Der Lichteffekt entsteht durch Weiß mit einer Spur Ocker. Innerhalb der Frucht dürfen keine Ränder entstehen.

Die Technik bleibt im Prinzip die gleiche, ob Apfel oder Birne, ob Weintraube oder Beerenobst. Der Farbton bei Zwetschen oder dunklen Weintrauben gelingt am besten mit einem dunklen Blau, dem man etwas Karminrot beimischt (violett) und für die Schattenpartien eventuell eine

Spur Schwarz dazugibt. Bei Blättern wird das Grün im Schattenbereich ebenfalls etwas dunkler gehalten (Grün mit Schwarz), auch Adern können mit derselben Farbe sehr fein eingezeichnet werden.

Bei dunklen Blättern nimmt man sowohl für lichtbeschienene Teile als auch für Blattadern ein helles Grüngelb, eventuell mit etwas Weiß vermischt.

Ein schönes Blattgrün erhält man,

wenn man Gelb mit ein wenig Schwarz mischt (olivgrün).

Zum Schluß kann man alle Früchte und Blätter mit einem feinen Pinsel dunkel konturieren. Diese Technik war in der Renaissance sehr beliebt.

Für einen Früchtekorb wählt man einen sandfarbenen Untergrund. Auch dafür ist es gut, ein paar Naturstudien in den Skizzenblock zu machen. Das Auge wird ganz anders geschult, wenn man das „bewußte Sehen" übt. Da entdeckt man vielleicht einen alten Korb, legt ein paar Früchte hinein, kombiniert alles mit ein paar Blattranken (Efeu, Zaunrübe, Winde, usw.) und hat ein wundervolles Motiv für die Bauernmalerei selbst zusammengestellt. Man kann auch auf Blank- oder Naturholz malen, um eine besonders schöne Maserung sichtbar zu erhalten (siehe „Malen auf Natur- oder Blankholz").

Landschaften

Landschaften mit Fachwerkhäusern, alte Tore und Türme sind aus der Bauernmalerei nicht wegzudenken. Dabei handelt es sich natürlich nicht um ein Thema für Anfänger, besonders, wenn das Motiv noch durch Menschen und Tiere bereichert werden soll. Hierfür ist es ratsam, das Zeichnen nach der Natur zu üben, das „Sehen lernen", auch wenn die Bauernmalerei kein ausgesprochenes Naturstudium erfordert und eigentlich, wie schon erwähnt, „Dekormalerei" ist.

Wie schön ist es, mit dem Skizzenblock in der Hand zu wandern, schüchterne oder mutige Malversuche zu machen und als schönstes „Mitbringsel" daheim ein Kästchen oder eine Spanschachtel mit einer Studie aus dem Skizzenbuch zu be-

malen. Zum Zeichnen eignen sich Bleistifte No. 4 oder No. 5.

Ein Hinweis zum Malen von Landschaften:

Der Untergrund wird mit weißer Dispersionsfarbe gestrichen und nach dem Trocknen mit feinem Sandpapier geglättet. Anschließend beginnt das Aufzeichnen des Motivs. Man kann die zu bemalende Fläche in Vorder-, Mittel- und Hintergrund einteilen. Doch es genügt auch, das Bild mit Himmel und Erde zu malen, wobei zu beachten ist, daß man für die Erde 1/3, für den Himmel 2/3 der Fläche wählt und sie niemals in der Hälfte teilt.

Für den Teil der Erde wählt man am besten ein Umbrabraun oder Umbragrün. Für den Himmel sollte kein reines Blau verwendet werden, sondern immer ein mit Weiß und einer Spur Schwarz gemischtes. So ergibt sich ein schönes „Himmelblau". Nachdem der Untergrund (in diesem Fall „Himmel und Erde") getrocknet ist, kann mit Bäumen und Häusern begonnen werden. Häuser sollte man mit Weiß grundieren und dann erst Fachwerk, Fenster und Türen mit Braun einsetzen.

Umrandungen können mit bäuerlichen Blumenranken gestaltet werden, oder man begnügt sich mit einer strengen stilistischen Einteilung in verschiedenen Farbtönen.

Schrift

Es ist ratsam, sich auch mit Schriften zu befassen, da fast alle Bauernmöbel ein Datum, die Initialen oder die Namen der Besitzer aufweisen. Auch schmückte man mit verschiedenen Zier- und Sinnsprüchen Schränke und Truhen. Diese wurden meist mit einer einfachen Lateinschrift mit kleinen Verzierungen in schwarzer Farbe geschrieben.

Auf dunklem Untergrund wählte man auch Rot oder Weiß.

Eine größere Zierde bedeutete natürlich die Wahl einer Frakturschrift, die frei und schwungvoll das Holz

$\mathcal{ABCDEFGHI}$
$\mathcal{JKLMNOPQ}$
$\mathcal{RSTUVWXY}$
$\mathcal{Z}$
abcdefghijklmnopq
rstuvwxz
1234567890

verzierte. Aber übertriebene Schwünge und zusätzliche Verzierungen beeinträchtigen manchmal das gesamte Schriftbild.

Bei Frakturschriften gibt es Groß- und Kleinbuchstaben, wobei man immer auf Ober- und Unterlängen achten muß. Die Größe hängt natürlich von der Breite der Schrägfelder ab, die man mit Tusche oder Farbe füllen kann. Man sollte es vermeiden, Wörter nur mit Großbuchstaben zu schreiben – das ergibt ein unruhiges und oft unleserliches Bild.

Da Holz im Unterschied zu Papier manchmal kleine Unebenheiten aufweist, gelingt die Schrift mit einem Pinsel (Plakatschreiber) besser. Feine Schwünge und Linien werden mit einem feinen Pinsel ausgeführt.

Obwohl es viele Schriftvarianten gibt, sollte man sich für eine entscheiden und diese immer wieder üben. Denn nur durch Übung fließen die Buchstaben leicht und relativ gleichmäßig aus der Feder.

Um Schräglagen zu üben, empfiehlt es sich, mit einem Raster zu arbeiten, das aus waagerechten und schrägen Linien besteht. Es ist eine große Er-

leichterung, um ein ausgewogenes Schriftbild zu erhalten.

Schreibwerkzeuge:
Schrägfedern in verschiedenen Breiten
Breitpinsel (Plakatschreiber)
Tusche
Kariertes Papier (zum Üben)

ABCDEFGH
IJKLMNOP
QRSSTUVW
XYZ !?.,–:
abcdefghijklmmno
pqrsſßuvwxyzzt
1223345567890

fraktur-
Schrift ~

Spezielle Techniken

Malen auf Natur- oder Blankholz

Manchmal möchte man statt bunter Farbe den natürlichen Holzton als Untergrund belassen und diesen nur mit einer leichten Holzbeize tönen. Damit die Holzbeize, die man in jedem Farbengeschäft in der gewünschten Farbe kaufen kann, nicht zu sehr in ihrer wäßrigen Zusammensetzung in das Holz eindringt, ist es ratsam, den Gegenstand (Teller, Kleiderbügel usw.) mit einem Halböl (1 Teil Leinöl, 1 Teil Terpentinöl) zu grundieren. Nach dem Trocknen wird mit feinem Schleifpapier – immer in Richtung der Holzmaserung – geschliffen. Man kann auch mit Kleister grundieren (siehe „Kleistertechnik"), da bei dieser Technik auch das Holz sichtbar bleibt. Anschließend folgt dann die eigentliche Bemalung. Die Blankholzmalerei war im 17. und 18. Jahrhundert in Österreich sehr verbreitet; man findet starke Anklänge an die Renaissance.

Zirkelschlagtechnik

Schon vor Jahrhunderten griff man zum Zirkel, um geometrische Muster herzustellen. Kreise, mit dem Zirkel gestaltet, fanden vielerlei Verwendung. Auch verschiedene Sterne wurden aus dem Kreis entwickelt.

Für das sogenannte Sonnenrad (ein kultisches Symbol schon bei den Germanen) konstruiert man innerhalb eines Kreises nochmals vier kleine Kreise, für die hier abgebildete Herzform benötigt man acht kleine Kreise. Auch die Form einer Ellipse kann sehr genau mit einem Zirkel konstruiert werden. Leichter ist es mit Hilfe einer Papierschablone: Man nimmt ein rechteckiges Papier, faltet es in der Mitte der Länge und der Breite nach, legt es zusammen und schneidet dann 1/4 des zusammengelegten Papiers in die gewünschte Form (siehe Zeichnung).

Die Ellipse wurde in Medaillonform häufig in der Zeit des Biedermeiers verwendet. Auch Genrebilder im Barock und Rokoko wurden gerne in einer ovalen Form gemalt.

Zur Einteilung der Bildfläche bei symmetrischer Anordnung ist der Zirkel ebenfalls gut zu gebrauchen, z. B. für den Entwurf einer Dreier-, Vierer- oder Sechsergruppe von Blumen oder Girlanden.

Die Medaillonform

aus der Ellipse entwickelt.

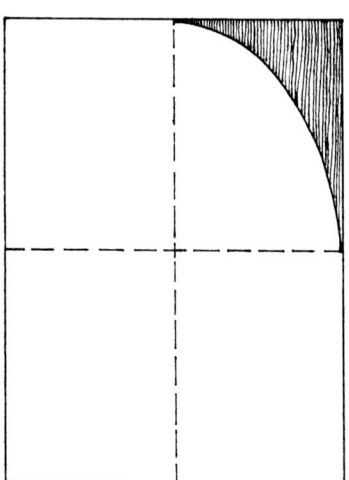

Zirkel~ schlag~

technik

Schablonentechnik

Die Schablonenmalerei zählt zu den ältesten Techniken in der Bauernmalerei, besonders in der Renaissance wurden viele Möbel damit geschmückt. Stilisierte Blumen, ornamentales Blatt- und Rankenwerk und Tiere (Löwe, Adler, usw.) waren die beliebtesten und formenreichsten Motive. Gemalt wurde fast nur mit schwarzer Farbe (Kienruß) und Rot (Ochsenblut) auf Blankholz.
Werkzeug:
Schere
Schneidmesser oder Schneidefeder
Schablonierpinsel (weiche Borstenpinsel – rund)
Auf Karton oder starkem Papier (Schablonenpapier) wird das Motiv zur Hälfte aufgezeichnet und im Faltschnitt mit Schere oder Messer ausgeschnitten. Dadurch erhält man eine symmetrische Darstellung. Damit das Motiv nicht aus dem Rahmen herausfällt, muß es mit „Stegen" festgehalten werden (siehe Abbildung). Das ist charakteristisch für die Schablonentechnik.
Es gibt zwei verschiedene Arten der Schablonenmalerei:
1. Positivschablone: Das Muster wird herausgeschnitten, die Fläche mit Farbe betupft.
2. Negativschablone: Man entfernt die Zwischenräume, das Muster bleibt ungefärbt.
Beide Arten der Schablonentechnik können auf einem Möbelstück verwendet werden.
Übertragen der Schablone auf Holz:
Das Weichholz wird gesäubert, dann mit farblosem oder leicht getöntem Kleister bestrichen, anschließend läßt man alles gut trocknen. Dann befestigt man die Schablone mit einem Klebeband auf dem Holz, damit die Zeichnung nicht verrutscht. Auf ein Brettchen gibt man etwas schwarze Farbe und betupft mit senkrecht gehaltenem Rundborstenpinsel die Ausschnitte der Schablone. Niemals streichen – die Farbe gelangt sonst leicht unter die Konturen und verdirbt das klare Motiv. Auch bei zu nasser Farbe kann das passieren. Deshalb sollte man immer ein Brettchen oder eine Glasplatte dazulegen und vor dem Malen den Pinsel darauf abstreichen, um zu prüfen, ob sich keine Tropfen im Pinsel gebildet haben.
Kleine Ausbesserungen kann man mit einem kleinen Pinsel vornehmen.
Zum Schluß wird die fertige Arbeit mit Antikwachs eingerieben.

Marmorieren

Unter Marmorieren versteht man das Nachahmen von Marmor auf Holz mit Farbe. Vornehmlich in der Zeit des Barocks und Rokokos gelangte diese Technik zu hoher Blüte. An bäuerlichen Möbeln wurden Gesimse, Umrahmungen, Sockel und Flächenfüllungen marmoriert. Da Marmor oft etwas unruhig wirkt, sollte man vorsichtig mit zusätzlichen Ornamenten sein.
Werkzeuge:
Naturschwamm
Spitzpinsel (Schlepper)
flache Borstenpinsel
Hühnerfeder
Leinen- und Wollappen

Farben: Dispersionsfarben, Temperafarben, eventuell Kleister
Die gebräuchlichsten Farbtöne sind rotbraun (Oxydrot) bis braun, blau bis grün, auch weißlich mit Ocker und Umbra.
Die Marmorierung kann deckend oder lasierend ausgeführt werden. Auf hellem Grund kann man lasierend (leicht durchsichtig) malen, mit einem Schwamm oder Lappen helle Stellen herauswischen, dunkle Töne dazusetzen und mit einem feinen Pinsel helle oder dunkle Adern hineinzeichnen.

Marmorieren.

Streifenmuster mit 2 Breitpinsel zu malen ~

„Schwämmeln" mit einem Naturschwamm ~

Eine andere Möglichkeit:
Mit dem gewünschten Farbton wird das Holz gestrichen, dann kann man ein Leinenläppchen mit derselben Farbe tränken (heller oder dunkler), zusammenkneten und auf der Platte hin- und herrollen. Nach dem Trocknen werden Adern mit einem Spitzpinsel eingezeichnet. Eine besondere Wirkung erreicht man mit einer Hühnerfeder, mit der man in die noch nicht ganz trockene Farbe Risse und Adern hineinmodelliert.
Um eine Kopie von Marmor herzustellen, ist viel Übung notwendig. Am besten ist es, man sieht sich immer wieder Marmorstücke an und verwendet diese als Vorbild für eigene Arbeiten.
Marmorieren setzt etwas Übung voraus. Der größte Fehler, der gemacht wird, ist der, daß man zuviel Farbe nimmt und dann zu keiner Steigerung mehr fähig ist. Für den Anfang ist es am besten, auf eine glatte weiße Fläche (Dispersionsfarbe) lasierende Farben aufzutragen, diese teilweise mit einem Läppchen wieder herauszuwischen, um dann ganz leicht ein paar dunkle Adern hineinzumalen.
Nach dem Trocknen der Farben kann man dem Werkstück mit Wachs einen feinen Glanz verleihen. Auch mit Seidenmattlack erzielt man eine gute Wirkung.

Marmor läßt sich auch mit Kleister gut nacharbeiten (siehe „Kleistertechnik").

Historische Schrankbemalung

Das Gesims dieses Schrankes aus dem 18. Jahrhundert zeigt eine Marmorierung in Oxydrot (Englisch-Rot), Ocker mit Weiß und einer Spur Schwarz (sandfarben). Zuerst setzt man helle Töne ein und steigert die Wirkung mit etwas Rotbraun. Je nach Größe des Originals kann man mit einem Leinenläppchen Stellen herauswischen oder auch mit einem Schwamm helle Stellen heraustupfen. Mit einer Hühnerfeder oder auch mit einem feinen Pinsel versucht man, Risse und Adern des Gesteins einzuzeichnen.
Das Streifenmuster wird gerne in verschiedenen Formen für Abgrenzungen, Seitenteile oder Umrandungen gemalter Bildmotive gewählt. Dafür arbeitet man am besten mit zwei bzw. drei Breitpinseln: Ein Breitpinsel wird in den sandfarbenen Kleister (Umbra) getaucht, einer in Oxydrot und einer in Grün. Man sollte sich drei kleine Gefäße mit den jeweiligen Farben zurechtstellen. Auch Weiß sollte bereitstehen, um das Oxydrot eventuell etwas aufzuhellen. Dem dunklen Grün kann noch eine Spur Schwarz zugesetzt werden. Man sollte versuchen, den Druck des Pinsels auf eine Seite zu verlegen (siehe

Zeichnung), dadurch wirkt die Farbe lebendiger.

Die gesamte Oberfläche kann in einem sandfarbenem Ton angelegt werden. Mit einem Schwamm kann man etwas Struktur hineinarbeiten. Dafür muß der Schwamm in Wasser getaucht, wieder gut ausgedrückt und dann in die gewählte Farbe eingetaucht werden. So wird mit einem etwas dunkleren Ton eine echte Flächenbelebung hergestellt. Den Schwamm mit der Farbe drückt man zuerst leicht auf ein danebenliegendes Papier und beginnt dann, die vorgesehene Fläche zu „schwämmeln".

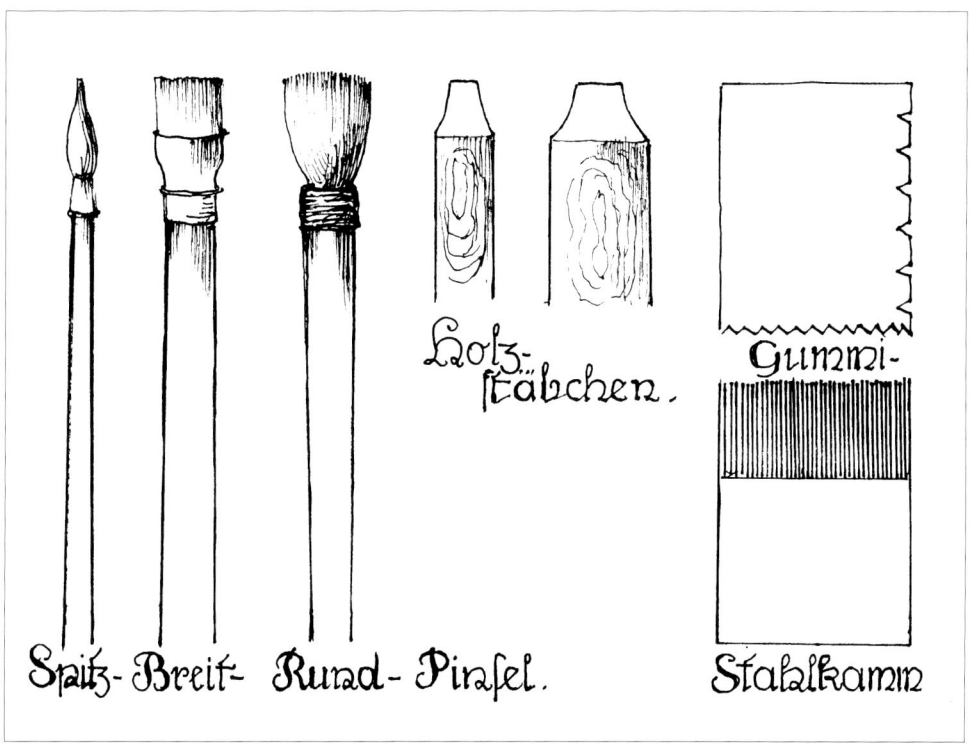

Spitz-Breit- Rund- Pinsel.   Holzstäbchen.   Gummi-   Stahlkamm

Kleistertechnik

Kleistertechnik ist eine Art der Holz-
bemalung, die im 17. und 18. Jahrhundert vornehmlich in den Alpen-
ländern angewandt wurde.
Jede Kleisterbemalung hält nur auf
Kleistergrund und würde von jeder
anderen Grundierung früher oder
später abblättern.
Herstellung des Kleisters:
3-4 Eßlöffel Mehl (Typ 405) werden
in 1/8 l kaltem Wasser angerührt,
dann mit 1/4 l kochendem Wasser
übergossen (nicht kochen lassen).
Wegen der Klumpenbildung muß öf-
ters umgerührt werden, bis der Kleister ausgekühlt ist. Nach dem Erkal-
ten muß er dickflüssig sein. Kleister
ist nicht lange haltbar – meist nur 3-4
Tage. Mit dem ausgekühlten Kleister

wird die Grundfläche angestrichen,
dann läßt man diese gut durchtrock-
nen. Nicht mit Sandpapier abschleifen. Den übrigen Kleister vermischt
man mit den gewünschten Farben.
Am besten eignen sich Staubfarben.
Dispersionsfarben sollte man nur in
geringen Mengen verwenden, da sie
deckend wirken. Die Staubfarbe gibt
man in ein Glas oder in eine Blechdose, gießt Wasser dazu (1:1) und
läßt diese Mischung, ohne sie um-
zurühren, über Nacht stehen („Ein-
sumpfen").
Nach dem 2. Anstrich mit gefärbtem
Kleister (nicht mit Sandpapier abrei-
ben) kann man die Fläche mit verschiedenen Werkzeugen bearbeiten:
mit Breit- und Rundpinseln, mit

Diese Muster wurden mit verschieden breiten Stäbchen hergestellt.

Die Muster wurden mit Kämmen und verschieden breiten Stäbchen hergestellt.

selbstgeschnitzten Stäbchen oder mit einem Schwamm.

Der Schwamm muß zuerst ganz naß gemacht werden, dann drückt man ihn wieder aus und taucht ihn in die vorbereitete Kleisterfarbe. Auf einem bereitgelegten Papier probiert man aus, ob der Kleister im Schwämmchen nicht zu dünnflüssig ist. Dann kann man sofort die vorgesehene Fläche betupfen („Schwämmeln"). Auf einem hellen Untergrund kann man die Fläche mit Braun (Körnerbeize), auf dunklem Untergrund mit Ocker, Weiß und etwas Umbra „schwämmeln". Nach Beendigung dieser Arbeit muß der Schwamm unter fließendem Wasser ausgewaschen werden, da er sonst hart wird und keine Struktur mehr aufweist. Fertige Teilstücke deckt man mit einem Klebeband ab, damit es genaue Trennstriche gibt. Das Klebeband wird nach dem Fertigstellen des Teilstücks sofort abgezogen, da es sonst antrocknet und Farbteilchen mit abreißt. Sollten doch kleine Fehler entstehen, kann man sie mit einem feinen Pinsel ausbessern.

Werkzeug:
1 Gummikamm
1 Stahlkamm
1 Malstock
verschieden breite Holzstäbchen
verschieden breite Borsten- und Rundpinsel
1 Naturschwamm
Klebeband

Alle auf Seite 48 abgebildeten Muster sind mit verschieden breiten Stäbchen (die man sich selbst schnitzen kann) gearbeitet.

Der Kleister wird mit einem breiten Pinsel aufgetragen, dann werden Wellenlinien hineingearbeitet: leicht ansetzen, Druck verstärken und wieder leicht ausklingen lassen.

Die Bogen sind ebenfalls mit einem breiten Stäbchen gearbeitet, die Farbe wird weggeschoben.

Auch wenn diese Technik sehr einfach aussieht, braucht sie Beherrschung und Konzentration, weil sehr regelmäßig gearbeitet werden muß. Man muß recht zügig arbeiten, da der Kleister sehr schnell trocknet. Alle diese Arbeiten kann man auch mit einem Breitpinsel ausführen. Die dünnen Zierlinien werden einfach mit dem Pinselstiel „hineingezeichnet".

Die Kammzugtechnik wird (wie schon der Name sagt) mit einem Kamm gestaltet. Auch hier ist äußerste Konzentration notwendig, wenn in den noch nassen Kleister mit einem Kamm Wellenlinien hineingearbeitet werden (siehe Seite 49).

Kämme gibt es in Malergeschäften zu kaufen, wie z. B. Stahlkämme in verschiedenen Größen, oder solche, die aus Hartgummi bestehen und unterschiedlich gezackt sind.

Der Kleister wird mit Körnerbeize vermischt. Sollte die Mischung zu dunkel geraten sein, gibt man einfach etwas farblosen Kleister dazu.

Alle diese Beispiele eignen sich sehr gut für Rand- und Seitenpartien, für Gesimse und Umrandungen der Motive, die man ebenfalls mit Kleister malen kann. Man taucht den Pinsel anstatt in Wasser in den farblosen Kleister und malt mit den üblichen Farben weiter (siehe auch Seite 45 Historische Schrankbemalung).

Schlußwort

Nachdem Sie dieses Büchlein gelesen haben, werden Sie vielleicht Lust und Freude bekommen, einiges davon zu erlernen oder nachzuzeichnen. Keine Angst, es ist nicht schwer! Im Anhang sehen Sie Fotos von Schülerarbeiten, die alle in meinen Bauernmalkursen entstanden sind. Leider konnte ich hier nur eine kleine Auswahl von all den liebevoll ausgeführten Arbeiten bringen, die im Laufe der Jahre entstanden sind. Rückblickend haben mir viele meiner Schüler versichert, daß sie es zu Beginn der Kurse nicht für möglich

gehalten hätten, eigenständig und ohne Schablone solche Ergebnisse zu erzielen, geschweige denn, daß sie davon später Fotos in einem Büchlein wiederfinden würden.

Auf den folgenden Abbildungen im Anhang sehen Sie Spanschachteln, Truhen und vieles mehr, teils nach eigenen Entwürfen, teils nach Motiven der Kursteilnehmer ausgeführt. Es ist mir ein besonderes Anliegen, allen Dank zu sagen, die dazu beigetragen haben, dieses Büchlein entstehen zu lassen.

Anhang

Spanschachteln mit verschiedenen Holzstäbchen verziert

Spanschachteln und Kästchen in Konturenmalerei (Schweizer Art)

Schablonenarbeiten

Kleisterarbeiten

Landschaftsmalereien; teils nach alten Stichen und Biedermeiermotiven, teils
nach eigenen Skizzen von Landschaft und Figuren

Verschiedene Spanschachteln (eigene Entwürfe)

Kleiderbügel

Milchkanne (freier Entwurf)

Bilder, auf Holz gemalt
a. Streng stilisierte Malerei (nach einem Motiv aus der Renaissance)

b. Landschaftsmalerei nach eigenen Entwürfen (Frankfurter Tor in Hanau)

c. Blumen auf ovaler Holztafel (eigener Entwurf)